Pacotilles et babillages d’un il-lettré

Alex Vague

Pacotilles et babillages d'un il-lettré

Recueil

LE LYS BLEU
ÉDITIONS

ISBN : 979-10-422-2321-2

À Dixy,
sans qui je n'aurais jamais cru
que mes couleurs avaient tant d'importance.
C'était une belle histoire

Introduction

Il y a longtemps, nous pensions tout connaître. Puis nous avons vieilli et grandi pour ceux qui ne souhaitent pas tomber déjà dans la crainte de la mort, et nous avons su. Je vis des couleurs et quand je les regarde partir en arrière, elles changent. Quelles auront mes couleurs mes lignes à vos yeux ? Quelles solitudes avec vos pages ont-elles ? Quelle autres naïvetés, mes couleurs rencontreront-elle ? Je vous laisse en juger. Voyez simplement en ces mots, en chacun d'eux des êtres déjà bien vieux.

Je vous souhaite une bonne lecture.

1

En un instant, j'ai vu des montagnes
Immenses et colossales.
Elles s'érigeaient les épaules en arrière
Et je pus admirer leurs cimes blanches, belles et fières.

En un instant et au même moment, je me retrouvais à la plage
Sur le sable fin, je pus observer et ramasser des coquillages
Les vagues s'abattaient doucement sur le sable murmurant une jolie mélodie
Le soleil faisait danser ses reflets sur la robe d'une mer tranquille.

Je fis un bond dans une forêt,
Les oiseaux m'appelaient de leur chant
L'odeur boisée des bois m'embrassait,
S'écrasa avec douceur contre ma peau, une légère brise de vent.

Mon corps s'évapora et se retrouva dans un champ
Les jonquilles s'inclinaient m'accueillant en monarque
Mes cheveux voltaient en tous sens.

Je réatterris à ma gare.
Je n'étais pas parti avec toi
Mais il avait juste fallu que je te lance un regard
Pour que tes beaux yeux m'emmènent en voyages.

2

Parfois, j'ai envie d'écrire des pages blanches
J'ai envie de tracer des mots qui flottent sur le papier pour doucement s'effacer.
Cela serait beau de se dire que cette feuille blanche regorge de mille mots essuyés, poétiques, enragés, apathiques, désespérés…
Des mots tempétueux à la glissade des éléments en fugue.
Des vers scintillants aux pensées lugubres.
Combien de moi a-t-elle aperçu cette page ?
Combien d'autres en verra-t-elle ?
Elle en a vu des couleurs, un véritable arc-en-ciel, l'appeler simple « papier blanc » serait extrêmement offensant.
Dans ce blanc, on y voit du jaune, de magnifiques pissenlits, enduits du rouge, des mines de rubis qui scintillent sans bruit, et du rose aussi, comme ces magnifiques magnolias qu'une jeune fille écrivait bien apprécier.

Et des histoires :
Celle de la belle valse d'une mariée et de son partenaire, celle des pleurs aux injures que subit Justice, celle de la jeune veuve qui sut de nouveau ce que fait être aimé et chérir de cœur…

Puis des sons aussi :
Les rires de Clothilde et Mathilda observant le beau Mathéo, les rires de joie que transmet Simon au souvenir de son premier feu de camp au bord de la plage avec ses amis, des pleurs de la petite Juliette, car Amaury n'a pas voulu lui partager son goûter malgré que la maîtresse lui ait expliqué qu'on ne force pas les gens à partager, les cris déchirants de Jessica remontée contre cette pimbêche d'Amelaine qui a obtenu la première place qui lui revenait au concours d'équitation, les sanglots silencieux d'Assène qui ne peut plus supporter son insignifiance dans ce monde, les râleries de Timothé car il a loupé les mousses au chocolat à la cantine.

Dans un sens, cette belle page blanche arc-en-ciel recueillit blessures et chaleurs réparatrices. Elle a été confidente de secrets ou de petits tracas, et moyen de libération.
Elle est des centaines de milliers de photos et audios, transmis par des mots à la cape invisible.

J’ai envie d’écrire une page blanche pour y inscrire un petit bout de moi, laisser une petite trace quelque part, aussi insignifiante soit-elle, qu’elle soit gênante ou aux reflets de merveilles.

J’ai envie d’écrire une page blanche.

3

Quand je t'ai vu, j'ai brusquement eu l'envie de te faire la cour.
Je compterais les fleurs et si elles étaient six alors j'en rajouterais une septième.
Et si mes mots n'étaient pas assez doux, j'aurais transformé mes mots en vers pour que tu les voies sous un nouveau jour.

J'aurais pris ta main et y aurais déposé un délicat baiser.
Tu l'aurais enlevé indignée, ton sourire caché, dans le masque d'une colère bien trop pressée, bien trop précipitée et j'aurais ainsi pu facilement douter de son authenticité.

J'aurais eu un tas de clichés au bout de la bouche, mais les réprimerais
Pour que tu ne fuies pas, pour t'avoir de manière originale et singulière

Devant mon silence embêté, empreint d'un brin de timidité, tu te retournerais.
Ta robe tournoyant avec toi dans l'air.
J'aurais alors récité un hymne à ta beauté
Par mes mots, je photographierais l'aveuglement que tes scintillements m'ont provoqué.

Je te dirais que les puits ne sont rien face à la profondeur de tes yeux dans lesquels n'importe quel homme se retrouverait aspiré.
Je te dirais que je m'y suis vu en bas d'une échelle, peinant à monter, te chercher, conscient de la difficulté que ce chemin occasionnerait.
Que tes yeux étaient un miroir du monde merveilleux dans lequel on voudrait se plonger perpétuellement.
Je dirais qu'il n'y a pas que tes yeux, mais que tes deux magnifiques fossettes semblaient aussi douces que le creux de ton cou dans lequel j'aurais aimé plonger et humer ton essence.
Je t'aurais dit que tes cheveux paraissaient des fils d'or dont la lumière se reflétait aussi vivement que brûlait la flamme de ta grâce.
J'aurais sûrement dit encore bien des mots et tu m'aurais regardé, peut-être ravie ou gênée.

J'aurais fini par me taire et non par manque d'inspiration, mais parce que j'aurai croisé tes yeux et je me suis senti immédiatement intimidé.

Qu'aurais-tu fait ensuite ? Qui sait.
Car en vérité, je t'ai simplement regardé passer bouche bée.
Je n'avais eu aucun courage pour t'interpeller.
Anéantissant l'idée de nous créer des situations joyeuses dont sourires et rires plus tard deviendraient souvenir d'hier tandis ce que nous continuerions à fabriquer nos souvenirs de demain.

4

Je me suis promené et le flux qui m'entourait m'était perceptible.
Les sens aux aguets, le plus petit bruit me semblait audible.
La respiration d'une petite grenouille sautant dans la mare fraîche comme l'on plonge dans une piscine en été.
La quiétude paraissait régner en maître, les bois couverts de l'agréable hululement d'une chouette.
J'ai cru sentir la chaleur des écorces sans même les toucher, je les sentais aspirer l'air dans un flux hypnotique, puis le sentais expirer en un soupir de plaisir.

J'ai atterri dans un champ de fleurs et le soleil irradiait tendrement ma peau.
Je sentais celle-ci se colorer de vives couleurs qui s'étaient cachées dans mes ouvrages de mille étés.

Je sentais la vague douce du vent s'abattre sur moi si fraîche et pure que j'en ressortais comme un enfant respirant sa première bouffée d'air. Comme une renaissance.

Peut-être que la nature me sentait, qu'elle recevait les ondes de mes pas, la chaleur de ma peau, le vent accueillait mes cheveux virevoltants avec elles.

L'air voyageait dans mes poumons.

Je renaissais dans la robe mauve des magnolias.

5

Mon Dieu, dis-moi quelque chose, dis-moi que tu n'es pas un putain de corps vide ! Énerve-toi, insulte-moi si tu le veux, mais réagis merde ! Es-tu donc toujours aussi passif, ou est-ce parce que mes propos te semblent farfelus et que tu en viens à ne pas savoir que répondre de plus ridicule ? Montre-moi ton incompréhension pour que l'on puisse échanger pour parvenir à se comprendre. N'as-tu donc pas le désir de me comprendre comme moi je le veux de toi ?
Me considères-tu ? Ou bien est-ce du vide qu'il y a devant toi ?
Tu me vois ?
Moi, je ne me vois pas.
Est-ce que je me considère vraiment ?
Je me sens, je crois.
Mais toi tu me vois hein ?
Non ?
Tu me regardes ?
Tu regardes derrière moi ?

Est-ce du désintérêt parce que tu ne parviens pas à me comprendre ?
Pourquoi personne ne cherche à comprendre ?
Pourquoi personne ne cherche à dépasser cette incompréhension et pourquoi tout le monde l'ignore ?
Pour rester dans son putain de confort ?
Fichu confort, faiblesse de l'esprit humain.

6

Je crains d'oublier ton visage
Oscillant entre démon et enfant sage.
Ton sourire sadique au sourire adorable
Tes drôles de mimiques vives et adorables
Tes deux yeux sont aussi plats et calmes qu'une rivière glissant sur la Terre.
Tes paroles sont aussi profondes que la réflexion que tu portes sur ton être.

Des paroles de certitudes ou de doutes sont des mélodies qui nous rentrent de crâne pour nous imposer des milliards de questions que l'on ne se sera pas toujours posées.

Je crains d'oublier ton rire contagieux,
j'ai peur d'oublier nos fous rires,
dans ces moments où j'ai réussi à devenir courageux.
Je crains d'oublier nos conversations,
j'ai peur d'oublier tes questions,
j'ai peur d'oublier ce qui m'a fait te connaître,
et comprendre tes décisions.

Je crains de t'oublier parce que je me suis attaché, avant je disais que les fils se croisent et se décroisent, c'est ainsi.
Mais si eux n'en avaient pas envie ?
Et s'ils voulaient rester près de l'autre ?
Si l'un d'eux seulement n'était pas d'accord pour se séparer.

Parfois, je me sens sur un parterre bancal,
Moi, en amont et toi en aval.
Mais moi je tombe trop lourd, trop porté à te rejoindre.
La vie est avare, elle n'aime pas donner la réussite.
Je crains d'oublier comment, pourquoi.
Je crains d'oublier la personne à qui j'ai dit des choses pour lesquelles je n'ai auparavant jamais osé délivrer.
J'ai peur de me dire que toi tu t'en foutras,
que sans te retourner tu partiras.
Et moi je resterai sur le quai.
Comme un con à regarder les trains passer.
Je chercherai sûrement à retrouver ta correspondance, dans le vain espoir de ne pas perdre toutes ces connaissances.
Je continuerai d'écrire des textes sans aucune couleur,
sans aucune chaleur,
encrés par le flou de mes souvenirs.

7

« Au miroir des deux saisons,
son âme s'échappait.
Mixe entre tranquillité des flux et exaltations,
la vie lui explosait.

Le vent lui semblait une caresse,
qui le touchait dans la plus violente des tendresses.
Elle lui murmurait le remue-ménage de sa raison,
de sa bouche dont aucun son ne sortait.

Le soleil tapait son cœur.
Lui apportant la plus vive des chaleurs,
la plus vive ardeur,
les plus vives couleurs.
Lui inspirant les plus vives pièces de bonheur. »

« À fleur de peau
la goutte de trop,
le but trop haut.
Ce beau vitrage,
ce faux vitrage.

Je vais le casser et t'enivrer de caresses,
Je vais t'embrasser dans la plus ivre des tendresses,
Nos sens vont s'ouvrir à la jouissance de la liberté.
Nos poignets libérés des chaînes de l'interdiction de s'aimer »

8

Tes sourcils froncés devant le livre d'un air sérieux,
le calme qui t'entoure, une aura douce et silencieuse.
La jambe dansante de l'exaltation de la découverte
Ou de la nervosité des questions qui s'imposent aux pages ouvertes.
Ta pose, pourtant commune, que je saurais reconnaître dans la foule.
Peut-être ceci n'est qu'une exagération, mais laisse-moi s'il te plaît croire que tout roule.

Dans ta lecture, malgré tes sourcils froncés et parfois ton immobilité,
je lis dans tes yeux des expressions changeantes.
Interloquée, en réflexion, intriguée, ton esprit pompe à l'énergie des mille et plus flexions.

J'aime cette concentration.
En toute simplicité.

9

Chantonnons, carillons, chantent les étoiles.
Murmurons, résonnons, chantent les nuages.
Hululons d'un souffle inaudible, clair de lune éclaire notre idylle.

Sentir sa peau rougir sous la caresse du petit matin.
Voir ses yeux grandir, la fatigue quitte son chemin.
Ses mains écornées, nos yeux accordés, soupirs ignorés du réveil des sapins.

Sapin à odeur, odeur des bois, ton parfum boisé.
La tête dans ton cou, la chaleur de ton soleil qui se lève.
Tandis que lentement j'émerge et me réveille.

J'entends le sol respirer, tu humes l'odeur revigorante de ton café.
Notre étreinte face à celle de Lune et Soleil qui s'écartent pour de nouvelles 24 h éloignées.

10

Il y a ses lèvres charmantes charnues
Ses lèvres attirantes malgré ma retenue
Sur lequel je veux faire douce pression
Mon esprit rentre en pression, en tension
Barrière de toujours prolonge l'hésitation.

Ses yeux sont deux puits étincelants
Ses yeux, trouvailles, reflets scintillants
Profondeur de réflexion, de questions, d'affirmations
De doutes, de remise en question.

Il y a sa peau blanche qui paraît si douce que l'on désire la couvrir de caresses, mille caresses
Ses reflets roses, rouges, on veut les couvrir de tendresse
Qui sait peut-être jusqu'à l'ivresse.

Mais je vais en revenir à ses lèvres
Qui viennent me hanter jusque dans mes rêves
Qui viennent m'attirer dans un baiser dont on désire qu'il se passe sans trêve
Au réveil déçu, extase bien brève

Ses lèvres qui auront certainement le pouvoir d'effacer mon oublie, mon ennui, les douleurs précédentes de l'instant sur mon esprit.
Des lèvres au goût de sourire.

Ses cheveux des fils de soie aux reflets d'or
Ces cheveux qui ondulent fluide sous le vent au dehors
Ses cheveux qui me semblent si doux à souhait
Ses cheveux qui me semblent si luisants lorsque le soleil s'y reflète.

Ses mimiques, ses expressions vives
Ses expressions, fille très expressive
Ses sourires contagieux
Jusqu'à ses colères orageuses

Ses silences, sa présence
Reconnaissable par une chaleur auparavant à notre existence méconnaissable

Ses paroles qui dans leur vigueur
Sont capables d’attraper notre ferveur
Ses paroles pas toujours sages
Mais souvent si mature, des propos, des pensées qui n’ont pas d’âge

Cette personne, c’est un tout
Un tout qui me rend fou
Désirs, caresses, attire l’attention
Sourires, tendresses, calme mes tensions.

Ce n’est pas une folie qui rend l’être indispensable
Juste une attirance que je ne croyais pas pensable.
À mes yeux inimaginable, impensable.

Auparavant

11

Je crains les fondations trop mises à nu.
Je crains tout acte de rapprochement qui risque tout simplement,
l'éloignement imprévu.

Je crains ces découvertes attractives,
Je crains ces découvertes parfois addictives.
Je crains ces rapprochements qui nous mènent au blocage,
désaccords, froids, incompréhensions.

Je crains ces découvertes qui font de temps en temps page blanche, car souvent, c'est mon impression.
Je le craignais, parce qu'auparavant notre lien était plus léger
Je restais dans le confort de ma lâcheté à t'observer.
Routine sans risque, confortant.

Je crains le fossé qui aime venir devant mes yeux se dresser.
Je crains le fossé à trop se rapprocher.
À trop s'énoncer, à trop s'avancer.

Je ne suis pas stable, je crains de déteindre.
Dans un nouveau souffle fétide, je crains de t'atteindre.
Mais égoïste, malgré les risques de nécrose, je veux t'étreindre.

Mon égoïsme m'agace, il choisit la voie au jeté de bâton.
Je crains alors, je cours, je cours, mais tu t'éloignes.
Je cours, j'en ai mal aux jambes…
Pourtant, je n'avance pas d'un pouce.

Je crains mon cœur, où est partie la raison lorsque tu te présentes à mes yeux ?
Je crains l'heure où partir, rupture d'une époque dont j'aurais saisi les opportunités aussi bien qu'un savon.
Glisse entre mes doigts.

Je crains,
je cours,
tu glisses entre mes doigts.

Je crains,
je cours,
mais quelque chose change.

12

Je fais pleurer mon encre, des mots qui rôdent, qui rôdent
Pleure jeunesse insouciante, car les espoirs se vautrent, se vautrent.

Pleure silence pesant, qui taraude, taraude,
Puis doucement, tu t'absentes lorsque mes cris rôdent rôdent.

Je fais pleurer mon encre, des mots qui rôdent, qui rôdent.
Pleure jeunesse insouciante, car les espoirs se vautrent, se vautrent.

Pauvre chose recroquevillée, qui fait pitié, pitié,
Regarde-toi dénudée, la peau tachée tachée.

Je fais pleurer mon encre, des mots qui rôdent, qui rôdent
Pleure jeunesse insouciante, car les espoirs se vautrent, se vautrent.

Plume tremble, mots ressemblent aux autres autres.
Travestie ce que tu ressens, l'expression se vautre se vautre.

Je fais pleurer mon encre, des mots qui rôdent, qui rôdent.
Pleure jeunesse insouciante, car les espoirs se vautrent, se vautrent.

Je fais baver mon encre, trop d'obsession, d'obsession.
Je fais pleurer le sens, sens en scission en scission.

Je fais pleurer mon encre, des mots qui rôdent, qui rôdent.
Pleure jeunesse insouciante, car les espoirs se vautrent, se vautrent.

Se vautrent vers d'autres en autres, l'envole se vautre se vautre.

13

Danse danse l'obsession.
Je tourne en rond, je tourne en rond.
Danse danse l'obsession
Perfection perfection.

Rature rature les mots dansent en farandole
Gravures gravures, éphémères, elles s'envolent.

Danse danse l'obsession.
Je tourne en rond, je tourne en rond.
Danse danse l'obsession
Perfection perfection.

Les mots s'allongent, s'alignent
Mon âme plonge entre les lignes de mon abîme
Et je tombe, je tombe
Et elle sombre, elle sombre.

Danse danse l'obsession
Je tourne en rond, je tourne en rond.
Danse danse l'obsession
Perfection perfection.

Tâche tâche belle vierge
Blanche à sombre ou vert vert
Étrangle douce tentation
Dans l'oubli des songes des songes

Danse danse l'obsession
Je tourne en rond, je tourne en rond.
Danse danse l'obsession
Perfection perfection.

Danse danse l'obsession
Image survivent survivent
Danse danses les tentatives
Danses trébuchantes d'une âme ivre ivre

Danse danse l'obsession
Je tourne en rond, je tourne en rond.
Danse danse l'obsession
Perfection perfection.

Danse danse les beaux vers
Expression d'une âme putride à souhait
Dansez dansez vers l'âme à couvert
Soulevez le voile de ses vers malades

Danse danse l'obsession
Danse danse l'obsession

Danse jusqu'à ce que je ne puisse plus murmurer ton nom.

14

Construisons un fil de soie plus solide qu'aucun autre fil de soie
Élargissons nos visions aux milliers d'autres étoffes
Nourrissons ce fil jusqu'à ce que ce ne soit plus possible
Jusqu'à ce que doucement il s'efface, invisible, mais reste dans notre mémoire.

Nourrissons-le d'étreintes et baiser chastes
Nourrissons-le de nos confessions joyeuses comme néfastes

Nourrissons-le des brises qui passent d'un sens à l'autre
Faisons de cette merveilleuse histoire, de nos souvenirs plus tard, la nôtre.
Ne rougissons pas de nous projeter secrètement,
évitons tout de même d'y penser trop formellement.

Nourrissons-le d'étreintes et baisers chastes
Nourrissons-le de nos confessions joyeuses comme néfastes

Continuons de goûter chaleur et douceur,
continuons de superposer visions, légères ou peur.

Continuons de bâtir notre empire d'un temps,
continuons de bâtir tant qu'il en est temps.
Car temps passe et l'horreur des occasions loupées
Nous amènent à bien des regrets et un rythme différent d'avancée.

Nourrissons-le d'étreintes et baisers chastes
Nourrissons-le de nos confessions joyeuses comme néfastes

15

Je nous imagine parfois plus tard, bercés de douces rêveries.
Alors, laissez-moi s'il vous plaît un instant, à travers mes mots, je l'espère, leur donner vie.

Je nous imagine au parc d'attractions,
discussions légères et blagueuses,
du sujet des autos-tamponneuses
tu serais capable de me faire un exposé des lois de l'attraction

Et je t'écouterai et te regarderai,
les yeux brillants et les bras ballants
M'expliquer tout cela dans de doux scintillements.

Je t'imagine te trimballer avec une peluche géante d'un paresseux dans le parc
Peluche que tu aurais gagnée au stand de tir.

Je nous imagine dans une maison hantée, ou tu chercherais l'objet de la peur de tous sans émettre un tremblement.

Je nous imagine à la pêche parce que tu aurais eu envie de tester,
Tu te serais pris de compassion pour les vers comme appât deux seconds avant de les mettre à l'eau.

De temps en temps, je t'imagine sur scène, guitare, basse, piano et chant, voilà que tu enchaînes.
Nous, public déchaîné, sauterions et chanterions en gueulant d'excitation, des gosses énervés.

Je nous ai bien sûr déjà imaginés à un concert ensemble, et tu aurais été toi aussi tel un gosse énervé à mes côtés, sautant et braillant les paroles, les yeux brillants d'une énergie déchaînée.

Pour reposer un peu nos corps épuisés après avoir sauté en tous sens,
je t'imagine sortir une boîte de cookie de ton sac et nous installer aux côtés d'autres groupies avec qui tu partagerais tes idées sur le groupe, mais aussi tes goûts, fascinée de ce qu'ils te partagent.

Alors oui,
Je nous imagine parfois plus tard, bercé de douces rêveries.

16

J’entends crisser leur voix, qui déchire ma fierté.
J’entends leurs voix putrides, annihilent ma pensée

Mirages, illusions peuvent être si réels
Apparences des êtres chères, paroles néfastes franchissent leurs lèvres.

Des voiles en lambeaux deviennent mes réconforts
Leurs paroles ne sont que flambeaux qui consument mon âme

Que Dieu vienne me chercher s’il a un tant soit peu de courage
Que de se cacher derrière des masques pour me faire du mal

Qu'il apparaisse devant moi, s'il a un tant soit peu de dignité
Qu'il apparaisse devant moi, l'être piteux qui souhaite l'assassiner

Mais Dieu n'est qu'excuse pitoyable quand c'est un athée qui en parle
Qu'une excuse de haine de soi, je donne mon cœur à quiconque pour qu'il l'empale

Que pousse sur mon corps mille rumeurs essuyées
Par le temps qui passe et les oreilles ennuyées

Que poussent sur mon corps les derniers piques de ma haine
Pour qu'à jamais le monde soit tatoué d'une tâche de honte, aux tentatives de l'effacer à jamais veines.

17

La simple vue de ses yeux mit mon cœur en pagaille
Les heures suivantes, son regard fait des ravages
Et les deux fronts de voies s'offrirent belles batailles
Le résultat tomba : un mort, la vaillance,
À qui on rendit hommage.

Ses yeux ramenèrent la paix durant guerre de l'âme
Ses yeux essuyèrent mes tristes larmes
Leur profondeur souleva les voiles de ma vision
Le monde sembla m'apparaître dans la moindre précision.

Mais elle restait mystère souriant
Cas dans ses éclats brillants, scintillants.
Je devinais les contours d'une âme aussi frêle et fragile qu'un enfant

Derrière la plus belle des comédies peut se trouver une âme malade.

18

La courbe de ses pieds, délicate, gracieuse et vivante, n'a cessé de jeter sur mon esprit des paysages presque insensés
La courbe que prenaient ses bras, voiles blancs ondoyants, me faisait penser à une douce colombe qui venait m'attiser
La courbe que prenait son dos, ses jolies arabesques, un beau joyau dont beaucoup voudraient s'emparer
Les plis que prennent ses jambes, dans de jolis élancés, douce colombe prend son envol en ces radieuses journées qu'elle illumine
Ses sauts, envols gracieux, envols des tracas lorsqu'on l'observe dans la plus grande des fascinations.

19

Lorsqu'après deux semaines sans toi je re croiserais tes beaux yeux bleus, comment réagirais-je ?
Je ne suis pas expansif, mais cette fois-ci je m'imagine courir te prendre dans mes bras sans hésitation.
Tes doux effluves viendront caresser mon nez et apaiser de nouveau mon esprit qui me faisait vivre un enfer.
Je m'imagine te caresser les cheveux et croire que ce n'est qu'un rêve.
Deux semaines, ce n'est rien, diront certains.
Néanmoins, des décennies, cela semble être pour une âme malade.
J'imagine ton souffle venir chatouiller mon cou.
Au fil des jours, je reprendrais l'habitude de tes questions dérangeantes amenant un peu de calme dans la tempête,
car c'est lorsque l'extérieur me dérange à la réflexion que je m'apaise.

Tu m'as manqué, dès nos retrouvailles, ces mots vont vouloir sortir de mes lèvres, mais quel droit aurais-je de les prononcer ?
Aucun quand l'esprit se remémore de ses actes honteux en ton absence.
Mes lèvres resteront fermées comme d'habitude lorsque le cœur voudra parler, je profiterais seulement de l'apaisement de l'instant sur l'agitation constante de mon être, égoïstement.

20

Si je devais te faire la cour, ma facette des plus poétiques ressortirait, car mon amour des mots s'associerait à la magnificence de ta personne à mon regard.
Magnifique être que mes yeux d'indigne observent, veuillez accepter la douce frappe de mes mots à votre cœur.
Commençons d'ailleurs par celui-ci, qui m'illumine par sa bonté, son courage, sa solidarité, commençons par celui-ci qui jette sur mon cœur couleurs et sens aux voiles cachés.
Car votre bonté est telle une déesse à qui l'on offre offrande des mets les plus délicieux pour la remercier.
Car votre courage est tel qu'il donne à chacun la vigueur de lever son corps mollasson et effacer son côté défaitiste pour surmonter les obstacles qui se dressent sur son chemin.
Car votre solidarité est si naïve et innocente qu'elle nous amène à vous suivre dans vos plus folles

entreprises pour aider qui que ce soit, même celui-ci fut-il notre ennemi.
Parce que oui, votre gentillesse n'a pas de limites et voilà que vous pourriez aider l'ignoble être qui a tenté de vous poignarder.

D'autre part, si je décris ici la beauté de vos forces des plus respectable, même vos tremblements arrivent à hypnotiser mon âme.
En effet, je ne peux cacher que j'ai toujours eu une fascination pour les tremblements de la fragilité, et si à chacun elle a un mouvement bien à lui, je dirais que le vôtre a su résonner à mon cœur comme l'écho de ma propre faiblesse.
En effet, votre tremblement ondule comme la flamme d'une bougie, mais danse aussi à pas de loups, si bien que l'on imagine qu'à tout moment le bruit et la chute peuvent subvenir.
L'on attend la chute, avec crainte, prête à vous rattraper, mais voilà que jamais vous ne tombez
Jamais.
Et les bras tendus, nous restons ainsi fascinés, dans le plus comique du ridicule
Et voilà que dans mon cœur naît l'admiration de votre persévérance lorsque je vois vos pas de nouveau assurés et fiers.

Ne craignez pas, par mes mots, que je vous élève au rang d'immortel, car c'est bien aussi toute votre humanité qui s'est inscrite dans mon amour.
Que ce soient vos facettes dites détestables lorsque votre esprit et votre cœur sont des plus agités, que ce soient vos poses recroquevillées, comme vos mains tendues et qui sait encore combien d'autres pourrais-je citer.

Les désirs sont nombreux à venir sauvagement loger mon cœur.
Je veux sentir vos lèvres contre les miennes, un baiser de la douceur d'un coucher de soleil.
Je désire que vos effluves viennent chatouiller mon nez d'un parfum que j'imagine sans aucun doute, profond, boisé.
Je souhaite sentir votre peau, je souhaite pouvoir la caresser et sentir cette peau tendre sous chaque parcelle de mon corps qui serait alors à sa rencontre.
Je souhaite sentir vos cheveux passer entre mes doigts, la plus belle des soies.

Des promesses, je pourrais m'engager à en faire par centaines et que la mort m'attrape si je les enfreignais.

Je vous promets d'être toujours à vos côtés, pour vous soutenir telle une poutre quand la cruelle noirceur de ce monde tendrait à vous faire chuter.

Je vous promets de vous aimer, de vous choyer, de faire en sorte que cette lumière qui vous fait briller et me fait vriller soit toujours aussi éclatante qu'aujourd'hui, même plus encore.
Je vous promets la tendresse, dans mes mots, mes caresses, mes baisers.
Je vous promets des conversations sans que meubles inutiles viennent les encombrer et brouiller votre esprit.
Je vous promets de ne jamais cacher le moindre aspect de ma vision.

Veuillez accepter s'il vous plaît cette médiocre déclaration, d'une âme qui par rien ne se distingue certes, rongée par la tristesse jusqu'à ce qu'elle croise vos et votre question dérangeante, mais dont votre réponse positive, que tout mon cœur espère, pourrait l'égayer de la plus belle des manières, et qui avec peut-être un peu d'exagération je l'admets, ferait de moi l'être le plus heureux de l'Univers.

21

Attendrons-nous la fin ?
Attendrons-nous que l'horloge tourne ?
Attendrons-nous que mon courage vienne ?
Attendrons-nous même si l'on doute qu'il pointe le bout de son nez ?

Auras-tu foi en moi jusqu'au bout ?
Où me lâcheras-tu à bout ?
Attendrons-nous naïvement la fin ?
Sans qu'un murmure ne soit prononcé, sans qu'aucun baiser ne soit échangé ?

As-tu donc vraiment autant confiance en moi ?
Je connais l'impatience qui habite en toi.
Et si lorsque je souhaite agir, il est trop tard ?

Dans ma vie, le courage lorsqu'il entre a toujours un train de retard.
Mes piètres mots ne parviennent à retranscrire ma confusion.
Mon cœur ne sait plus où il va.

Je te vois debout à m'attendre et moi toujours à courir pour t'atteindre.

Mais je tombe, je glisse, je fais du surplace.

Mais je sombre, m'abîme. Et jamais à tes côtés, je viens prendre place.

Peut-être que ce n'est pas la mienne ?
Mais la sienne, ou celle d'une autre personne.

Je crains de rater, j'ai peur, car je sais que j'aurai des regrets.

Mais en sachant cela, même ainsi, je bloque.
Qu'est-ce donc que ce brouillard de mots illisible ?
Qui souhaitent sortir, mais sont indicibles.

Le brouillard m'énerve pourtant, il me tend les bras.
Un brouillard sans trêve, jamais ne passe au trépas.

Qu’attends-tu pour partir et qu’attend le brouillard pour se lever ?
Qu’est-ce que j’ai toujours attendu, qui ne vient pas ?
Que de mauvaise foi.

23

Je t'aime, futile quand le dire dit que ce sentiment et de la même couleur pour chacun.

Je t'aime, trois petits mots qui font pourtant des joies, des gênes et des peines.

Néanmoins, les mots n'ont jamais été aussi proches de ma bouche.

Jamais aussi proches de quitter la chaleur de mon corps pour flotter dans les airs.

Jamais aussi proches pour s'envoler enfin éradiquant le poids qui pèse.

Jamais aussi près et cependant retenu.

Jamais aussi près, mais enchainés à ma poigne qui tremble, je me suis tu.

Quoi de plus frustrant qu'une bouche qui s'ouvre dans l'énonciation, mais se referme avant de faire flotter sa pensée.

Long combat, ces trois mots veulent transpercer mes lèvres cousues.

Mes bras tremblants peinant à les retenir.

Moins d'un mois, mes bras tétanisent.

24

Quelques mots

Quelques lignes

Mais on sait tous deux que ce ne seront pas que quelques paragraphes

Quelques valses et quelques sauts

Et des traits que je souligne

Mais on sait tous deux qu'il y aura quelques marques

Encore une fois, je me cache derrière mes pages et métaphores

Mais je sais que tu y es ouverte et que tu vois mes piètres efforts.

C'est parce que je sais que tes yeux ne se teinteront jamais dans une étincelle de jugement extrême

Que certaines de mes facettes les plus pitoyables tu as pu voire tout de même

Malgré mon dur labeur pour rendre les vitres opaques

Néanmoins, je ne suis pas là pour faire le protagoniste tragique des clichés qui épuisent

Même s'il est vrai qu'en ceux-ci parfois on puise l'inspiration

J'abandonne mes rimes et artifices

Qu'ils viennent au naturel ou alors s'efface de l'instant

Mettons fin à cette introduction

Qui commence à peser sur notre attente.

Glisse, glisse la plume pour combler ton impatience.

Avant de commencer, une tirade qui attirera peut-être ta gêne et ton mécontentement

Laisse-moi te dire que m'arrêter sera tentative veine, car tout sera enchaîné en un instant

C'est vrai, je cache et cache combien ai-je de poches, je me le demande ?

À quand que je lâche et fais de la place, plus longtemps à attendre.

C'est vrai je suis jaloux comme un gamin

Mais comment ne pas l'être, est-ce que je mens bien ? Je n'ai pas honte de t'avouer qu'acteur, j'ai pu l'être souvent pour enfouir le mal-être dans mes poches.

Ruban, livres, Pinocchio entier pourraient en sortir

Je suis jaloux et fuyant

Fuyant, je l'admets bien difficilement.

Tirade qui déjà m'épuise d'avance alors je laisse place au silence.

25

J'entends crisser leur voix, déchire ma fierté.
J'entends leur voix putride, annihile ma pensée.

Mirages, illusion peut être si réel,
Apparences des êtres chères, paroles néfastes franchissent leurs lèvres.

Des voiles en lambeaux deviennent mes réconforts
Leurs paroles ne sont que flambeaux qui consument mon âme.

Que Dieu vienne me chercher s'il a un tant soit peu de courage
Que de se cacher derrière des masques pour me faire du mal.
Qu'il apparaisse devant moi s'il a un tant soit peu de dignité
Qu'il apparaisse devant moi, l'être piteux qui ne veut que l'assassiner

Mais Dieu n’est qu’une excuse pitoyable quand c’est un athée qui en parle.
Qu’une excuse de haine de soi, que quelqu’un vise mon cœur et l’empale.

Que poussent sur mon corps mille rumeurs essuyées
Par le temps qui passe et les oreilles ennuyées.

Que poussent sur mon corps les derniers piques de ma haine
Pour qu’à jamais le monde soit tatoué d’une tache de honte, aux tentatives de l’essuyé à jamais veines.

26

La simple vu de ses yeux mit mon cœur en pagaille.
Les heures suivantes, son regard fit des ravages.
Et les deux fronts de voies s'offrirent belle bataille.
Le résultat tombât : un mort, celui de la vaillance,
À qui on rendit hommage.

Ses yeux ramenèrent la paix en guerre de l'âme.
Ses yeux essuyèrent doucement mes tristes larmes.
Leur profondeur souleva les voiles de la vision.
Le monde sembla m'apparaître dans la moindre des précisions.

Mais elle restait mystère souriant.
Car dans ces éclats brillant, scintillant
Je devinais les contours d'une âme aussi frêle et fragile qu'un enfant

27

Le cœur hanté par des couches de maux.
Ma plume les désigne par ses mots.
Dégoût que tu es belle quand, repoussée, tes muscles se tendent.
Colère que tu es belle par tes chants, tes voix qui scandent.
Tristesse que tu es belle, ondule, souffle tes cendres.
Une âme malade est belle, mais à quel prix ?

Mort nous répond que c'est un pacte.
Sa beauté exceptionnelle a un temps puis mort se nourrit de sa vie.

28

Elles se gaspillent et se gâchent dans l'acte de bonne conscience.
Elles se gaspillent et se gâchent dans l'acte de la suffisance.

Elles grimpent, grimpent l'opinion.
Elles grimpent, grimpent le mensonge.
Elles se gaspillent dans un temps que l'on ne peut rattraper.
Elles se distillent dans les veines empoisonnées de la complaisance.

Et regrets, regrets viennent danser.
Temps passe, oublie d'avancer.

29

Sur son passage, l'on s'est toujours retourné.
Par sa singularité, on disait qu'il détonnait.
Plus tard, lorsqu'il se mettra à briller.
Les hypocrites diront qu'il scintillait.

Couleurs, langage et manières.
Charmeur, courage, l'idée de plaire.
Au risque d'être critiqué, il assumait.
Au risque d'être rabaissé, avec pareille élégance, toujours il marchait.

Il ne mettait pas de voiles pour se faire aimer.
Paradoxe qui le faisait être d'autant plus apprécié.
Oui, c'était un personnage singulier.
Aux goûts extravagants qui pouvaient étonner.
Carreau ou rayure, rouge, jaune ou vert.
Foncé, fade, flashy ou clair.
Ses belles teintes apportaient été en hiver.

Il était depuis tout petit persuadé que son destin était de briller.
Talentueux, il était déjà pas mal apprécié.
Quand on le voyait, on le savait : il était né pour de mille feux scintiller.

L'extravagance en quête de reconnaissance.

30

Derniers mots.
Combien de fois ai-je raturé, recommencé, déchiré, recommencé encore,
Crié,
Hurlé ?
Massacré ces pauvres feuilles de papier.
Combien ?

Je vois double.

Derniers mots que, comme à mon habitude, je borde tendrement.
Ils nous offrent mille champs du possible hélas il y a des champs auxquelles l'on n'échappe jamais,
qui nous poursuivent dans des sifflements aguicheurs.

Derniers mots, dernier pas du funambule sur son fragile fil.
Derniers mots, dernières phrases pour certain à la jouissance quasi charnelle, dernier éclat du « poète », sans rimes et artifices.

Derniers mots du « philosophe » diront ces vieux amis depuis longtemps dans l'erreur.
Ni poète.

Car je ne suis pas un poète, mes vers esseulés vagabondent de-ci et là.
Là où le poète s'inspire de lui-même et de ce qui se reflète du monde dans ses yeux et s'inscrit dans son âme.
Mes vers avancent puisant l'énergie dans la mélancolie du poignet tenant sa plume.
Mais mélancolie s'épuise,
s'épuise.

Je n'ai pas l'étoffe d'un philosophe, ma subjectivité n'ayant pas le bon vouloir de se réduire pour observer le monde et lui-même.
Je ne suis pas philosophe, pas cette étiquette que l'on donne seulement à ceux qui semblent réfléchir.
Je ne suis pas l'ami de la sagesse non plus.
Elle n'a jamais ne serait-ce que fait voir son dos pour me donner l'envie de marcher à ses côtés.

Mes mots s'échappent, se fanent, flétrissent entre mes doigts.
Ils ont fait leur temps.
Ça veut dire quoi avoir fait son temps ?
Que l'on n'est plus apte à cheminer là où nous le faisions avec plaisir ?
Que l'on se voit retirer une partie de nous que l'on a pris tant de mal à cultiver ?

Derniers mots
Derniers paragraphes
Derniers propos qui s'étendent de tout leur long
Comme d'habitude, je m'étale de tout mon long.
Là où je n'ai pourtant qu'une place minuscule.

Je dis adieu, ou au revoir s'il existe un après.
Si dans cet « après », nous nous reverrons.
J'exprime au revoir à ceux qui n'ont été que des inconnus, seulement aperçus quotidiennement.
Pour qui je ne fus pas marquant.
Pour qui, comme tout inconnu, fut invisible.

Je dis au revoir aux gens avec qui j'ai tissé des liens qui se sont rompus.
Vous avez écrit une partie de mon histoire, vous être si peu nombreux, je n'ai pas écrit grand-chose dans la vôtre, peut-être étais-je un décor sympathique,
Qui sait peut-être un décor pathétique.

Je dis au revoir à ce que j'aurais pu appeler ami, si ami était de mon langage.

Je dis au revoir à ceux qui auraient dû l'être là, mais que seulement imagination les fait se présenter à mon esprit.

Au revoir, à ceux qui m'ont vu grandir, que j'aime énormément et qui malgré leurs mauvais côtés ont bon fond.

Et parmi ce que j'aime, je te remercie.

Qui est-ce donc que ce tu ?

Moi, le lecteur, penserez-vous.

Qui sait par quel hasard serait-elle lectrice de cette pauvre plainte.

Dernière plainte.

J'ai encore tellement de choses à te dire, tellement de mots qui ont besoin de franchir mes lèvres.

Tant de mots que je voudrais voir s'inscrire un instant dans tes yeux.

Je peux avouer aujourd'hui avoir eu des pensées, mauvaises, perfides.

Je n'ai jamais pu réussir à me sentir autre qu'un remplaçant, ce truc à portée de main pour combler ton vide.
Un objet insatisfaisant sur lequel tu cries : « sois là » comme si la fonction utile de cet objet était défectueuse.

Pardon de ne pas savoir ce qu'est être là.
C'est quoi être là ?
Avec les autres, il suffisait d'écouter, de tenter de conseiller, ou de caresser un dos, faire une étreinte.
C'est quoi être là pour toi ?
C'est quoi être là selon moi ?
D'ailleurs, c'est quoi être là pour moi ?

Es-tu vraiment là comme tu l'affirmes ?
Ce n'est pas que de la sollicitude pour garder cet objet à portée de main ? Pourquoi le garder s'il est défectueux ?

« Tu racontes de la merde »
Je sais, combien de fois tu me l'as dit, combien de fois ces mots, ta voix et les autres sont venus danser dans mon esprit.
Aucune tendresse dans ta manière de condamner cette pensée qui n'est pas la tienne.

Je me sens mauvais, je sais qu'il n'y a pas plus sincère que toi.
Mais la jalousie ne fait que venir ronger mon cœur.

« Elle me manque »
J'ai mal, expression très enfantine, très puérile.
Tant de mots pourraient tenter de décrire cette douleur.
Lorsque je pourrai dire : une douleur lancinante, tenaillant, amer.
Tout ce qui me vient à l'esprit, c'est cette reconnaissance primitive de reconnaître la douleur.

« Elle me manque »
Tu me manques, tu ne comprends pas.
Je ne t'en ai jamais voulu, je ne t'en veux pas.
Pas la peine de culpabiliser inutilement.
Tu essaies peut-être, mais tu ne peux pas, car seul à travers le papier je me livre.

La plume glisse sur la feuille et trace des lignes tremblantes de la couleur amère de mes larmes.

Te l'ai-je dit ?
« Je t'aime » des mots qui sont pensés universellement comme l'Amour.
Moi, je t'aime selon mon amour.

Différent si ces mots étaient destinés à une autre personne, la couleur diffère, mais le fond reste le même.
Je t'aime.
C'est déclaré tard, ça n'avait jamais voulu sortir, toujours retenu.

Voilà qui fut bien éreintant.

Mes lèvres se sont imaginées rencontrer les tiennes tellement de fois qu'elles ne comptent plus. Combien de fois ai-je cru sentir ta peau embrasser la mienne tant je l'eus imaginé fort ? Combien de fois ai-je bafoué tes côtés détestables, car eux même je les aimais ?
Me manque-t-il bien deux trois neurones ?

Combien de fois, ta voix et tes mots furent-ils comme un voile de douceur s'abattant sur mon cœur ?

Combien de fois t'ai-je blessée ?

Notre relation n'est-elle bonne que lorsqu'on reste en surface ?
Je crains de t'essouffler.
Pas de m'épuiser, je le suis déjà, si déjà il y avait quelque chose à épuiser.

C'est repoussant, n'est-ce pas ce que tu comprends au pied de ces derniers mots ?
Comment déclarer un amour des plus véhéments dans « derniers mots » ?
As-tu oublié ? Les mots papier sont ma fuite, n'ai-je pas toujours « fui » ?

Je suis las de tout cela.

Las de les entendre me marteler le crâne de leur crissement aigu, de leurs paroles comme craie qui dérape sur le tableau de ma chair.
Qu'elles me cisaillent.
Envies et voix.
J'ai gagné et elles vont se taire.

Tellement de choses à dire, des mots à faire naître, mais fanés, arrêtons de salir des mots inutilement.

Derniers mots,
derniers paragraphes.
Voilà ce qu'ils auraient été si je fus capable de partir

Remerciements

Afin de fermer les pages du passé et de laisser un peu de repos à ces mots bien épuisés, je tiens à tenir trois petits remerciements. Quoique, les remerciements ne sont peut-être jamais assez grands.

Tout d'abord, je remercie la maison d'édition pour avoir fait paraître mes couleurs devant vos yeux, efficace avec un travail de qualité, je remercie toute l'équipe.

Ensuite, je souhaite vous remercier, vous qui avez lu jusqu'à la fin, jusqu'à ces lignes-ci, pour avoir pris part à mon petit voyage dans le passé.

Enfin, je remercie la personne qui m'a fait comprendre que le monde était bien plus grand que ce que j'estimais être, Dixy, je la remercie pour sa patience et ses yeux qui ne cessent de surprendre. Et si elle lit ceci, je voudrais qu'elle sache que tous ces mots, tournés à jamais vers elles, seront toujours gravés en moi, à fer chaud aujourd'hui encore.

Merci à tous.

Imprimé en Allemagne
Achevé d'imprimer en février 2024
Dépôt légal : février 2024

Pour

Le Lys Bleu Éditions
40, rue du Louvre
75001 Paris

www.ingramcontent.com/pod-product-compliance
Lightning Source LLC
Chambersburg PA
CBHW062347010826
49168CB00024B/296

* 9 7 9 1 0 4 2 2 2 3 2 1 2 *